Tanja Ratsch

Sichtschutz im Garten

KOSMOS

Inhalt

Gestaltung

Schutz vor Blicken, Wind und Lärm

Kletterrosen umgarnen Holzzäune auf charmante Art, ungebetenen Gästen zeigen sie jedoch ihre Stacheln.

Geschützte Garten-Oasen

In einem noch so schönen Garten will so gar keine Gemütlichkeit aufkommen, wenn man sich ständig beobachtet fühlt. Angesichts immer kleinerer Grundstücke ist deshalb ein dauerhafter Sichtschutz einer der am häufigsten geäußerten Wünsche frisch gebackener wie auch erfahrener Gartenbesitzer. Meist wird der Sichtschutz in Form einer Hecke an der Grundstücksgrenze realisiert. Doch genauso ist es möglich, Blickbarrieren im Garteninneren zu errichten. Auf Grund des flachen Blickwinkels außen stehender Betrachter sind diese häufig sogar wirksamer und können niedriger bleiben als Randhecken. Zugleich bilden sich durch innere Sichtschutzelemente Räume im Garten, die ihn abwechslungsreicher und vielfältiger nutzbar machen. Zum Beispiel kann man hinter ihnen den Komposthaufen oder Lagerflächen verstecken. Randhecken wirken dagegen von innen oft wie eine Einfriedung: da sie übermannshoch sein müssen, kann man sie auch von innen nach außen nicht überblicken. Schöne Aussichten in die Landschaft können so verloren gehen. Deshalb sollte man sich um eine Lösung bemühen, die fremde Einblicke verwehrt, eigene Ausblicke aber jederzeit ermöglicht.

Zu bedenken gilt auch der viel geäußerte Wunsch nach immergrünem Sichtschutz. Im Winter hält man sich meist nicht über längere Zeit im Garten auf, sodass Nachbars Blicke kaum stören. Sichtschutz-Lösungen, die im Winter laublos und damit lichtdurchlässig sind, schaffen stattdessen eine freundlichere Stimmung im winterlichen Garten. Während des Sommers sind es bunte Blüten, dekorative Früchte und später im Jahr leuchtendes Herbstlaub, die für weit mehr Abwechslung sorgen als Scheinzypresse und Co. mit ihrem immer gleichen Erscheinungsbild.

Schutz vor kalten Winden

Ganz anders als der Sichtschutz sind Wind- und Lärmschutzelemente zu betrachten. Während für das Abwehren von Blicken oft einreihige Abpflanzungen genügen, sollten sie als Wind- und Lärmbarriere mehrreihig sein. Gerade der Wind wird erst dadurch gebrochen, dass er sich an mehreren Hindernissen fängt. Trifft er auf eine einzelne Mauer, wird er hochgehoben, um kurz dahinter als beinahe unvermindert kräftiger Wirbelwind wieder herunterzufallen. Deshalb sollte man Hecken, die als Windschutz gedacht sind, in zwei bis drei versetzten Reihen anlegen, bei denen die Pflanzen jeweils die Lücke der vorherigen Reihe schließen. Verwenden Sie Pflanzen, die gegen Trockenheit resistent sind, denn Wind trocknet das Laub aus. Ungeeignet sind in diesem Sinne immergrüne Pflanzen, die vor allem im Winter unter Dürre leiden würden. Geeignet sind Sträucher mit einem sehr dichten Kronengerüst wie Haselnuss (*Corylus*), Berberitze (*Berberis*) oder Kornelkirsche (*Cornus mas*).

Lärmschutz schont Ihre Nerven

Schall wird erst merklich gemindert, wenn er durch gestaffelte Hindernisse in kürzere Bruchstücke zerlegt wird. Mit einer einzelnen Reihe von Sträuchern richtet man deshalb nicht viel aus. Alternativ setzt man Erdwälle ein, die den Schall hochheben und über Ihren Garten hinwegtragen. Die Aufschüttungen brauchen jedoch sehr viel Fläche. Bei Mauern lässt sich die Wirksamkeit erhöhen, indem man ihr einen breiten, bogigen First gibt, der den Schall dorthin zurückwirft, woher er gekommen ist. Versuchen Sie zu analysieren, in welcher Höhe der Schall auf Ihren Garten trifft, indem Sie sich auf Leitern stellen und die einzelnen Gartenecken austesten. Ein einfacher Gehörtest mit der Familie genügt in der Regel, bei dem jeder angibt, wo es lauter und leiser wird. Nur so können Sie die richtige Dimensionierung und Lage der Barrieren bestimmen. Oftmals liegt diese weit über Ihren Köpfen und kann, statt mit mannshohen Hecken oder Erdwällen, nur mit großen Baumkronen abgewehrt werden.

Schon mit wenigen Zusatzbalken wird aus einem Standard-Holzzaun ein individuelles Gartenelement.

Lebendiger und gebauter Sichtschutz

Montieren Sie Rankgerüste mit etwas Abstand zur Mauer, damit die Pflanzentriebe hinterlüftet werden.

Schneller Schutz von Dauer

In einem Garten liegt es nahe, die Lösung für anstehende Aufgaben in Pflanzen zu suchen. Doch Hecken sind nicht die einzige Möglichkeit, zumal man einige Jahre warten muss, bis sie herangewachsen und wirksam sind.

Sichtschutzwände aus unbehandeltem Holz sind eine kostengünstigere Variante, allerdings auch weniger haltbar und pflegeintensiver. Etwa alle zwei bis drei Jahre ist ein Anstrich mit Holzschutzmitteln nötig. Im Fachhandel finden Sie verschiedenste Bausatz-Modelle, die man, abgestimmt auf den individuellen Bedarf, in beliebiger Folge und Menge aneinander reihen kann. Sie sind naturbelassen oder farbig gestrichen. Eine Alternative bieten Modelle aus Kunststoff in Holz-Imitat oder kesseldruck-imprägnierte Holzelemente. Wichtig ist eine stabile und witterungsfeste Verankerung im Boden. Bei ständigem Wechsel zwischen Feuchtigkeit und Trockenheit modern die Holzfüße sonst rasch.

Sie können auch gebaute und gepflanzte Sichtschutzelemente kombinieren. Setzen Sie nur an den Teilstellen, an denen dauerhafte Blickbarrieren nötig sind, hohe Wände. Dazwischen können niedrige Hecken oder Zäune eingesetzt werden. Das Auf und Ab bringt Schwung in die Gestaltung und spart obendrein Kosten. Im Wechsel mit Holzwänden oder -spalieren können ebenfalls hohe Staudenbeete oder frei wachsende Blütensträucher die Grundstücksgrenze einfassen.

Verankerung

Sichtschutzwände lassen sich mit Stahlfüßen im Boden verankern, die in die Erde gedreht oder geschlagen werden. Für schwerere Konstruktionen wie einer Pergola empfiehlt es sich, jeden Pfosten in ein Punktfundament mit Stahlfuß zu setzen und sicher zu verschrauben. Wichtig ist auch der oberirdische Nässeschutz. Damit die Holzflächen nach Regenfällen rascher abtrocknen können, sollten die Enden abgeschrägt sein oder mit kleinen Dächern versehen werden.

Mauern – dauerhaft und vielseitig

Die dauerhafteste Lösung sind Mauern. Sie halten Jahrzehnte, wenn sie auf frostsichere, mindestens 80 cm tiefe Fundamente gesetzt werden und mit einer Mauerkrone versehen sind, die Niederschläge ableitet. Der bauliche und finanzielle Aufwand ist der höchste von allen Varianten, doch rechnet er sich angesichts der langen Lebensdauer durchaus. Prüfen Sie vor der Errichtung bei der örtlichen Baubehörde, ob eine Baugenehmigungspflicht besteht. Die je nach Bundesland unterschiedlich geregelten Grenzabstände sind unbedingt einzuhalten. Ziegelmauern harmonieren mit nahezu jedem Gartenstil. Natursteinmauern passen zu modernen Gärten ebenso wie zu naturnahen. Betonmauern fügen sich meist nur in sehr ausgefallene, moderne Gärten ein. Anders verhält es sich, wenn man sie mit einem grünen Mantel aus Kletterpflanzen wie Efeu überwachsen lässt, der sie besser einbindet und als Teil des Gartens wirken lässt. Weniger massiv sind Mauern jeder Art, wenn man in sie kleine Fenster oder Podeste integriert, auf oder in denen man Sommerblumen oder Hängepflanzen platzieren kann.

Pfosten richtig verankern

1. In den Boden getriebene Holzpflöcke rotten relativ schnell und sind nicht sehr standfest.

2. Ein Betonbett hält das Holz dagegen trocken. Es sollte 80 cm tief und damit frostfrei sein.

3. Einbetonierte Metallschuhe garantieren eine besonders lange Haltbarkeit des Holzes.

Gebauter Sichtschutz

Material	Vorteile	Nachteile
Holz	kostengünstig rasch aufzubauen fügt sich harmonisch in den Garten ein	begrenzt haltbar windbruchgefährdet
Steinmauer	lange haltbar sehr stabil passt zu naturnahen Gärten	kostenintensiv aufwändig im Bau
Metall	lange haltbar passt zu modernen Gärten	kostenintensiv

Balkon-Oasen zum Wohlfühlen

Mit mobilen Holzkästen und integrierten Rankgittern lassen sich an nur einem Tag blühende Oasen schaffen.

Schneller Sichtschutz für eine Saison

Auf dem Balkon hat man meist nicht sehr viel Platz, aber dafür umso mehr Möglichkeiten, sich rundum mit blühenden oder grünen Pflanzen zu umgeben. Einjährige Kletterpflanzen führen zu schnellem Erfolg. Im Frühling ausgesät, legen sie in nur einem Monat über einen Meter an Länge zu. Bereits im Mai stehen die Ersten in Blüte – und hören damit meist bis zum ersten Frost auch nicht auf. Dann allerdings ist ihr Zauber für immer vorbei und beginnt erst im nächsten Jahr mit frischen Saaten von neuem. Besonders raschwüchsig sind rotblütige Feuerbohnen (*Phaseolus*) und tiefblaue Prunkwinden (*Ipomoea purpurea*), die bis zum Sommer über 3 m Höhe erreichen können. Kapuzinerkresse (*Tropaeolum*) erweist sich als besonders blühfreudig. Achten Sie jedoch darauf, für Sichtschutzzwecke die Große Kapuzinerkresse (*Tropaeolum majus*) zu verwenden. Ihre kleine Schwester (*Tropaeolum minus*) erreicht gerade einmal 30 bis 50 cm. Der besondere Clou: die farbenfrohen Blüten sind nicht nur ein optischer Genuss. Mit ihrem kresseartigen Geschmack verfeinern sie frische Sommersalate.

Wer es exotisch liebt, ist mit der Sternwinde (*Ipomoea lobata*) bestens beraten. Ihre Blüten sind mehrfarbig mit weißen, orangefarbenen und roten Abschnitten. Auch der Rosenkelch (*Rhodochiton atrosanguineum*) bietet mit seinen bordeaux-roten Blütenkelchen einen ungewöhnlichen Anblick. Beide werden 1,5 bis 1,8 m hoch. Damit sich dichte Teppiche bilden, sollten Sie mehrere Pflanzen im Abstand von etwa 30 cm setzen. Statt schöner Blüten bietet der Ballonwein (*Cardiospermum*) im Spätsommer markante Früchte, die ihm seinen Namen eingetragen haben. Auch Zierkürbisse (*Cucurbita*) sind eine schöne Bereicherung für jeden Balkon. Statt ihre Triebe wie im Gemüsegarten am Boden entlangwachsen zu lassen, leitet man sie auf dem Balkon an senkrechten Schnüren nach oben. Im Herbst können Sie sich über eine dekorative Ernte von Ufo-, Warzen-, Schlangenhals-, Turban- oder Teufelskrallen-Kürbissen für das Halloween-Fest freuen.

Profi Tipp von mein schöner Garten

Für eine schnelle und zugleich dauerhafte Lösung ist gesorgt, wenn Sie ein- und mehrjährige Kletterpflanzen kombinieren. Während die Mehrjährigen im Schutz der Einjährigen heranwachsen, sorgen Letztere sofort für Blüten.

Für einjährige Kletterpflanzen braucht man keine besonders stabilen Rankhilfen, da die Triebe in nur einer Saison kein solch hohes Gewicht erreichen. Es genügen Bambusstäbe, die zu Pyramiden zusammengebunden werden. Ebenso möglich sind Drähte oder Schnüre, die von Pflanzgefäßen oder Geländern zur Balkondecke gespannt werden. Sie können senkrecht oder schräg verlaufen und zu fantasievollen Mustern kombiniert werden. Da die Pflanzen nicht zum Überwintern ins Haus geholt werden müssen, kann man die Rankhilfen fest im Freien installieren. Eine preiswerte und besonders haltbare Lösung sind Kletter-Pyramiden oder -Rechtecksäulen aus verzinktem Baustahl.

Prunkwinden (Ipomoea) *sorgen für schnellen Sichtschutz. Die himmelblauen Blüten scheinen am Abend violett. Wer die Schlinger überwintert, braucht sie nicht jährlich im März neu auszusäen.*

Übereinander in ein Metallgerüst gehängt, weben Balkonkästen blickdichte Blütenteppiche.

Schöne Blüten staffelweise

Wie die schlankwüchsigen Kletterpflanzen brauchen aber auch andere einjährige Balkonblumen nicht viel Platz. Stellt man beliebte Dauerblüher wie Petunie, Fleißiges Lieschen und Pelargonien auf ausgediente Stehleitern, schirmen sie ebenso erfolgreich wie Raum sparend unerwünschte Blicke ab. Auch alte Regale, oder eigens für diesen Zweck angeschaffte Blumenregale, bieten mehreren Pflanzen in Lagen übereinander Platz. Als „Trennwand" zum Nachbar-Balkon kann man naturbelassene oder farbig gestrichene Wein- oder Obstkisten in Regalform übereinander stapeln. In jeder Kiste findet eine Hängepflanze Platz, die gemeinsam zu blühenden Vorhängen heranwachsen. Ein Trend, der zunächst die Zimmergärten erobert hat, findet jetzt auch im Freien immer mehr Zuspruch: Blumensäulen. Hierbei wird ein Teleskopstab senkrecht zwischen Balkonboden und -decke eingespreizt. An ihm lassen sich in beliebigen Abständen Halterungen übereinander montieren, die je einem Blumentopf Platz bieten. Wählen Sie für alle diese Lösungen niedrigwüchsige oder hängende Arten aus, die im Saisonverlauf nicht an die oberhalb gelegenen Leiterstufen oder Regalböden stoßen. Damit beim Gießen überschüssiges Wasser nicht über die unterhalb gelegenen Pflanzen tropft und diese mit Erde bespritzt, legt man am besten Untersetzer unter jeden Topf oder stellt sie in Übertöpfe. So fällt auch das Gießen der vielen Einzeltöpfe, die im Sommer zügig austrocknen, leichter.

ICHTSCHUTZ VON OBEN

e ganz andere Methode, seinen Balkon mit blühen-n Vorhängen vor Nachbars Neugier zu schützen, eine Begrünung von oben: Hängen Sie mehrere men-Ampeln in einer Reihe auf. Mit ihren langen, tenbesetzten Trieben halten sie die Einblicke von ßen ab und garantieren gleichzeitig von innen schö-Ausblicke. Hängepetunie, Goldmarie (*Bidens*) oder ngegeranien (*Pelargonium*) entwickeln bis zu einem ter lange Triebe. Schönes Beiwerk mit weniger lan-n Trieben, aber großem Blütenreichtum sind weiße nneeflockenblumen (*Sutera*) oder Feinstrahl (*Erige-*), blaue Lobelien (*Lobelia*) oder gelbes Azteken-d (*Sanvitalia*). Damit sich der Blick jedoch nicht einem Meer von Blüten verliert, setzt man Blatt-muckpflanzen wie den Gundermann (*Glechoma*) er Hängebambus (*Agrostis stolonifera* 'Green Twist') zwischen, die für Ruhe sorgen.

MEHRJÄHRIGE DAUERLÖSUNGEN

Wer die Mühe scheut, jedes Frühjahr neu mit der Anzucht von Einjährigen zu beginnen, setzt auf mehrjährige Kletterpflanzen, die im Winter im Freien bleiben können. Allerdings sollten sie eher schwachwüchsig sein, damit sie sich auf Dauer im begrenzten Wurzelraum eines Pflanzgefäßes wohl fühlen. Besonders geeignet für eine dauerhafte Kübelkultur sind Waldreben (*Clematis*), die es in weit über 1.000 Arten und Sorten gibt. So bleibt kein Farbwunsch offen. Obendrein lassen Waldreben auf ihre bis zu handtellergroßen Blüten schöne Früchte folgen, die wie feine Haarbüschel aussehen. Ebenfalls für eine langjährige Topfkultur geeignet sind Geißblatt-Arten (*Lonicera*). Eine echte Versuchung ist Echter Wein (*Vitis vinifera*) im Kübel: An Holzspalieren oder als Schirm gezogen, bieten sie neben Sichtschutz kulinarische Köstlichkeiten im Spätsommer.

Ampelpflanzen fangen die Blicke ein, ohne Platz am Boden zu beanspruchen.

Terrassen mit Wohlfühl-Garantie

Für langlebige, frostfeste Kletterpflanzen wie den Blauregen (Wisteria) braucht man stabile Gerüste wie eine massive Pergola.

Schön abgeschirmt

Terrassen liegen klassischerweise direkt am Haus und gehen zumeist nahtlos in den Garten über. Sie können jedoch auch mitten im Grünen oder an seinen Rändern platziert sein. Für alle Sitzplätze gilt das Gleiche: Sie sollten blickgeschützt sein, damit man zu jeder Tageszeit ungestört Platz nehmen kann.

An die Terrasse grenzende Beetflächen können für gebaute und gepflanzte Sichtschutzelemente genutzt werden, die langlebig sind und sommers wie winters draußen bleiben können. Das sicher Edelste ist eine Pergola, mit der die Sitzfläche überspannt wird. An ihren Holzstützen ranken sich langlebige, winterharte Kletterpflanzen empor, von denen Echter Wein (*Vitis vinifera*), Blauregen (*Wisteria sinensis*), Trompetenblume (*Campsis*) oder Baumwürger (*Celastrus*) zu den imposantesten zählen. Wein lässt Ihnen seine Trauben im Herbst sprichwörtlich in den Mund wachsen. In milden Klimaregionen wie dem Rheintal erzielen Kiwi-Pflanzen (*Actinidia*) den gleichen Effekt. Achten Sie hier auf selbstfruchtbare Sorten wie 'Jenny', die auch ohne Partnerpflanze Kiwi-Früchte ansetzen. Blauregen webt einen Baldachin, von dem im Mai himmelblaue Dolden wie ein Himmelszelt herabhängen. Trompetenblumen entfachen im Hochsommer ein Feuerwerk roter Trompetenblüten. Baumwürger trumpfen im Herbst mit schön gefärbtem Laub und leuchtenden Beeren auf.

Prächtige Rosen

Für Romantiker sind Kletterrosen die richtige Wahl. Verwenden Sie bevorzugt mehrmals blühende Sorten, die sich als besonders blühfreudig und robust erwiesen haben. Einige Beispiele sind die Sorten 'Deutsches Rosarium Dortmund®' (rosa), 'Sympathie' (rot), 'Ilse Krohn Superior®' (weiß) oder 'Goldstern®' (gelb).

Die Kletterrose 'Deutsches Rosarium Dortmund' ist besonders robust und wüchsig.

Geißblatt überzeugt mit edlen, duftenden Blütenbüscheln.

Kletterkünstler im Halbschatten

In halbschattigen Lagen sind es die Waldreben (*Clematis*), die bis in Augenhöhe für Blütenzauber sorgen. Die Blüten bewährter Züchtungen wie 'Nelly Moser', 'Lazurstern' oder 'H.F. Young' erreichen bis zu 15 cm Durchmesser. Ebenfalls im Halbschatten bis Schatten fühlt sich die Pfeifenwinde (*Aristolochia macrophylla*) mit ihren großen Blättern wohl. Mit eher dünnen und locker beblätterten Trieben können Geißblätter (*Lonicera*) kaum als flächige Begrünung eingesetzt werden. An einer Pergola aber spielen sie ihre ganze Eleganz aus, zumal die formvollendeten Blüten der Arten *Lonicera periclymenum* und *L. x heckrottii* lieblich duften.

Einjährige Kletterpflanzen sind ideal zur Begrünung von Rankgerüsten und Kletterpyramiden.

Sichtschutz auf den Punkt gebracht

Um sich gegen fremde Blicke zu schützen, müssen Sie sich jedoch nicht rundherum „einigeln". Es genügt, in den Sichtachsen Elemente zu platzieren, die übermannshoch sind. Kletter-Pyramiden oder -Obeliske aus verzinktem Eisen oder Gusseisen sind eine dauerhaft attraktive Lösung. Ihre Füße werden so tief wie möglich in den Boden gedrückt, damit sie Halt bekommen. Dann setzt man ein oder zwei Kletterpflanzen und leitet die Triebe an den Metallstreben empor. Auf diese Weise entstehen Blumensäulen, die ihren Zweck kaum mehr erkennen lassen, da sie zu eigenständigen Schmuckelementen werden. Ebenso wie Waldreben (*Clematis*) oder Kletterrosen (*Rosa*) erobern auch einjährige Kletterpflanzen wie Prunkwinde (*Ipomoea*) oder Kapuzinerkresse (*Tropaeolum*) die angebotenen Kletterhilfen.

Profi Tipp von mein schöner Garten

Bepflanzen Sie eine Kletterpyramide nicht nur mit einer Pflanzenart oder -sorte. Gerade bei Waldreben (*Clematis*) bietet es sich an, frühlings-, sommer- und zweimalblühende Arten zusammenzupflanzen, damit Sie die ganze Saison die bis zu 15 cm großen Blüten genießen können. Es gibt sie von Weiß über Rosa und Rot bis tief Dunkelviolett

Sichtschutz wie im Urlaub

Kübelpflanzen im Topf ermöglichen es, Pflanzen aus aller Welt in unserem Klima zu kultivieren. Die warmen Monate verbringen sie von Mitte Mai bis Oktober im Freien, den Winter in frostfreien Quartieren im Haus. Wer seine blickgeschützte Terrasse im mediterranen Stil einrichten möchte, sollte vor allem zu Bougainvilléen greifen. Mit ihren leuchtend farbigen Hochblättern verkörpern sie wie kaum eine andere Kletterpflanze den Traum vom Süden. Wer auch zu Hause den süßen Duft des Mittelmeers einatmen möchte, setzt Jasmin in große Pflanzgefäße mit Kletterpyramiden, um sie auf die Terrasse zu stellen.

Mobile Rankelemente geben auch Sitzplätzen im Garten einen klaren Rahmen

Erinnerungen an tropische Urlaubsländer halten Passionsblumen wach, die in etwa 150 Arten und Sorten erhältlich sind. Doch es müssen gar keine Kletterpflanzen sein, um einen blühenden Rahmen voller Exotik um Ihre Terrasse zu schaffen. Mit hohen Sträuchern in großen Pflanzgefäßen lässt sich ebenfalls eine „blühende Wand" schaffen. Schön sind zum Beispiel Oleander, Hammer- oder Veilchenstrauch. Wer der asiatischen Lebensart verfallen ist, grenzt seine Terrasse mit Bambus in Kübeln ab oder setzt die Riesengräser an den Rand seiner Terrasse mit einer Rhizomsperre direkt in den Gartenboden.

Mobiler Sichtschutz

Stehen die Töpfe oder Kästen, in denen die Sichtschutzpflanzen Ihrer Wahl heranwachsen, obendrein auf Rollen, lassen sie sich jederzeit dort platzieren, wo akute Lücken im Sichtschutzrahmen klaffen. Im Fachhandel finden Sie zahlreiche Modelle, bei denen Kletterspaliere in großzügige Pflanzkästen aus Holz integriert sind.

Der neueste Trick, jeden Sitzplatz im Handumdrehen in eine Oase zu verwandeln, sind Fertighecken im Kasten. Sie werden bereits in der Baumschule in Pflanzkästen gezogen und häufig geschnitten. Beim Kauf sind sie bereits zu dichten Hecken herangewachsen. Angeboten werden klassische, winterfeste Heckenpflanzen wie Liguster, Buchs oder Kirschlorbeer, die mit Schutz im Freien überwintern können, aber auch Mittelmeerpflanzen wie Lorbeer oder Myrte, die im Haus überwintern.

Kletterpflanzen mit duftenden Blüten

Deutscher Name	Botanischer Name	Besonderheiten
Akebie, Klettergurke	*Akebia quinata*	ab August auffällige, exotische Früchte
Jelängerjelieber, Geißblatt	*Lonicera periclymenum* *L. x heckrottii*	wichtige Bienenweide
Waldreben, Clematis	*Clematis flammula* *C. montana*	im November stark zurückschneiden wenig zurückschneiden

Sichtschutz für kleine Gärten

Hainbuchen (Carpinus) *haben kein aggressives Wurzelwerk und ermöglichen eine Bepflanzung bis nah an die Hecke heran*

Reihenhausgärten mit Hecken abschirmen

Da unsere Gärten leider immer kleiner werden, ist es für Passanten oder Nachbarn ein leichtes, das gesamte Areal zu überblicken. Sichtschutz ist daher meist ein Muss von Anfang an. Allerdings darf er nicht viel Platz einnehmen, sonst bleibt für die Kür im Garten, die Blumenbeete oder auch Rasenflächen und Wege kein Platz mehr.

Profi Tipp von mein schöner Garten

Nicht als Sichtschutz geeignet sind Hecken-Berberitzen, Heckenmyrte, oder Fingersträucher, weil sie zu niedrig bleiben. Mit ihnen kann man zwar Vorgärten oder Beete einfassen, aber dahinter kein unbemerktes Sonnenbad nehmen. Hier hilft ein Trick: man setzt sie einfach auf einen erhöhten Erdwall.

Die Platz sparendste Variante sind streng geschnitten Hecken. Sie können 30 bis 40 cm schmal gehalten werden. Hierfür geeignet ist zum Beispiel Liguster (*Ligustrum*). Bei regelmäßigem Schnitt bleiben immergrüne Eiben (*Taxus*) ebenfalls sehr schlank. Sie werden jedoch im Familiengarten selten eingesetzt, da alle Pflanzenteile bis auf das Fruchtfleisch der roten Beeren giftig sind. Der schmale, immergrüne Feuerdorn (*Pyracantha*) schmückt sich

Noch schöner kann Sichtschutz kaum sein! Weißer Schneeball (Viburnum), *Rotdorn* (Crataegus laevigata *'Paul's Scarlet'*) *und Goldregen* (Laburnum) *bekennen Farbe.*

Wilde Hecken

Diese Hecken sind nicht wirklich „wild". Gemeint ist, dass sie nicht regelmäßig geschnitten, sondern höchstens bei Bedarf ausgelichtet werden. Sie brauchen deutlich mehr Platz als geschnittene Hecken. Richtig blickdicht werden sie meist erst, wenn man sie zwei- oder gar dreireihig anlegt. Dafür ist eher in größeren Gärten Platz. Als Entschädigung für ihren Raumanspruch bieten wild wachsende Hecken jährlich eine üppige Blüte, an der sich Bienen und viele andere Insekten erfreuen. Vögel finden hier reichlich Brutmöglichkeiten, die bei dornigen Hecken sogar katzen- und mardersicher sind. Die schönsten Sträucher für frei wachsende Hecken, über die Fußgänger und Nachbarn nicht blicken können, sind: Felsenbirne (*Amelanchier*), Erbsenstrauch (*Caragana*), Hochwachsende Zierquitte (*Chaenomeles*), Haselnuss (*Corylus*), Perückenstrauch (*Cotinus*), Hartriegel (*Cornus*), Goldglöckchen (*Forsythia*), Falscher Jasmin (*Philadelphus*), Spiersträucher (*Spiraea*), Flieder (*Syringa*), Schneebälle (*Viburnum*) und Weigelien (*Weigelia*).

nicht nur mit Büscheln farbenfroher Herbstbeeren, sondern auch mit harten Dornen, die besser als jeder Stacheldrahtzaun wirken und Hund und Hase, Mensch und Katze fernhalten. Genauso wehrhaft ist die Großblättrige Berberitze (*Berberis julianae*). Die Stechpalme (*Ilex*) trägt bestachelte, immergrüne Blätter. Mit 40 bis 50 cm Breite kommen die nadel- oder schuppentragenden Lebensbäume (*Thuja*) oder Scheinzypressen (*Chamaecyparis*) aus. Da sie in Massen angezogen und verwendet werden, kann man sie preisgünstig erwerben. Allerdings reihen sie sich in vielen Siedlungen kilometerlang aneinander, sodass Abwechslung vielfach Not tut. Sie wachsen bei richtigem Schnitt (Seite 32) so dicht, dass sie kaum mehr wie Lebewesen, sondern wie massive, grüne Mauern wirken. Mit bis zu einem Meter Breite – oder mehr – muss man dagegen bei immergrünen Kiefern (*Pinus*) oder Kirschlorbeer (*Prunus laurocerasus*), sommergrünen Goldglöckchen (*Forsythia*), Wild- oder Strauchrosen (*Rosa*) rechnen.

Alternativ gibt es Hecken, die einreihig gezogen, aber nur wenig bis gar nicht geschnitten werden. Legt man beispielsweise Hortensien in Reihen an, wachsen sie zu dichten Hecken von bis zu 1,5 m heran, die sich im Hochsommer mit üppigen Blütenbällen schmücken. Zwerg-Kiefern (zum Beispiel *Pinus mugo* 'Gnom') werden über zwei Meter hoch – und ebenso breit. Ein Schnitt ist erst ab einem Alter von 8 bis 10 Jahren nötig.

Niedrig: Zwerg-Kiefer (Pinus mugo *'Gnom'*)

Buchen legen im Herbst ein goldenes Laubkleid an. Danach trocknen die Blätter ein und haften oft noch bis zum Februar an den Zweigen, um Sichtschutz zu bieten.

Geeignete Arten

Bevor Sie sich für eine Pflanzenart entscheiden, sollten Sie neben der gewünschten Breite die Höhe festlegen. Wer einen Garten mit übermannshohen Hecken einfassen möchte, muss zu Hainbuche (*Carpinus*), Buche (*Fagus*) oder Feldahorn (*Acer campestre*) greifen. Sie können im Alter gut und gerne 5 m erreichen. Für den Hausgarten hält man sie jedoch meist auf maximal 3 m Höhe. Sonst wird ihr Schatten so lang und raubt Ihrem Garten zu viel Sonnenlicht. Kalkulieren Sie die Wachstumszeit ein. Vor allem bei Buchs, der je nach Art 50 cm oder 5 m hoch werden kann, braucht man Jahrzehnte Geduld. Gleiches gilt für Eiben, die ebenfalls immergrün und sehr langsamwüchsig sind. Relativ schnelle Ergebnisse erzielt man dagegen mit Liguster (*Ligustrum*), Goldglöckchen (*Forsythia*), Lebensbaum (*Thuja*) oder Scheinzypresse (*Chamaecyparis*).

Mit Formen spielen

Ein Formschnitt bringt Abwechslung in streng geschnittene Hecken aus nur einer Pflanzenart. Die Oberfläche muss nicht zwingend gerade geschnitten sein. Mit etwas Übung kann man sie als Wellenlinie gestalten oder in regelmäßigen Abständen Kugeln aus der Hauptlinie herausragen lassen. Der Fantasie sind keine Grenzen gesetzt. Ebenfalls möglich ist ein blockweiser Wechsel der Pflanzenart im Rhythmus von 1,5 bis 2 m. Auf keinen Fall aber sollte man von Pflanze zu Pflanze wechseln, sonst entsteht ein lückenhaftes und unruhiges Bild. Achten Sie darauf, dass die Pflanzen von der Wuchsstärke und Endhöhe ähnlich sind. Auch die Blattgröße sollte aufeinander abgestimmt sein, damit eine harmonische Fläche entsteht. Gut harmonieren zum Beispiel Berberitze (*Berberis*), Liguster (*Ligustrum*) und hoher Buchsbaum (*Buxus*). Sehr schwierig zu kombinieren ist dagegen zum Beispiel der großblättrige Kirschlorbeer (*Prunus laurocerasus*).

Grüne Verstecke

In kleinen Gärten geht es jedoch nicht nur darum, die Bewohner vor Blicken zu schützen. Man möchte ebenso gerne bestimmte Elemente wie Komposter, Mülltonnen oder Fahrradstellplätze verstecken, um sie selbst nicht ständig im Blickfeld zu haben. Auch hierfür eignen sich geschnittene Hecken am besten. Vermeiden Sie jedoch dornige Arten wie Berberitze, Weißdorn oder Feuerdorn, damit man trotz der Enge keine Kratzer befürchten muss, wenn man den Müll wegbringt oder das Fahrrad abstellt.

Die Schmalblättrige Berberitze (Berberis stenophylla) *ist trockenresistent und schnittverträglich. Von Mai bis Juni erfreut sie mit goldgelben Blüten.*

Geschnittene und ungeschnittene Hecken

	Vorteile	**Nachteile**
Geschnittene Hecken	Platz sparend	durch häufigen Schnitt nur langsamer Höhengewinn
Ungeschnittene Hecken	mit den Jahren sehr dicht raschwüchsig blüten- und fruchtreich wertvoll für Vögel, Insekten und Säugetiere	viele Blüten und Früchte braucht viel Platz (zwei- bis dreireihige Anlage)

Sichtschutz für Sitzplätze

Unter einem Baldachin aus Blauregen (Wisteria) *blickt man auch dann ins Blaue, wenn das Wetter trüb ist.*

Lebendige Rahmen

Selbst im kleinsten Garten bieten sich viele Gelegenheiten für gepflasterte oder gekieste Sitzplätze an. Und die sollten Sie auch nutzen, um je nach Tageszeit im Schatten oder in der Sonne, zum Frühstück in Küchennähe oder zum Grillen am Abend so zu sitzen, ohne dass Rauch ins Haus zieht. Sitzplätze im Garten sollten jedoch nicht rundum abgeschirmt, sondern auf mindestens einer Seite offen sein, um einen Rundblick in den Garten genießen zu können.

Hohe Stauden sind riesig

Für Rückendeckung sorgen nicht nur hohe Sträucher, sondern auch großwüchsige Stauden. Da man die Sitzplätze ohnehin nur während der Sommermonate ausgiebig nutzt, ist es nicht von Nachteil, dass

Blauer Rittersporn (Delphinium), *gelber Felberich* (Lysimachia) *und andere langlebige Stauden nutzen den Sichtschutzzaun als Bühne.*

ihre Triebe und Halme im Herbst welken und erst im Frühling wieder frisch austreiben. Ihre Wurzeln verbringen den Winter geschützt im Boden, wo sie vor Frost sicher sind. Für vollsonnige Lagen bieten sich Sonnenbräute wie die Sorte 'Goldrausch' (*Helenium*-Hybride), Federmohn (*Macleaya cordata*), Riesenschleierkraut (*Crambe cordifolia*) oder zweijährige Königskerzen (*Verbascum*) an, die 1,5 m hoch werden. Ebenfalls sonnig, aber bei gleichzeitig feuchtem Boden, gedeihen Uferaster (*Vernonia arkansana*), Riesenalant (*Inula magnifica*) oder Roter Wasserdost (*Eupatorium fistulosum*). Im feuchten Halbschatten fühlen sich Ligularien (zum Beispiel *Ligularia* 'Weihenstephan') und Kandelaber-Ehrenpreis (*Veronicastrum virginicum*) wohl. Sie alle werden mindestens 1,5 oder sogar 1,8 m hoch. Ebenfalls illustre Zaungäste sind hochwüchsige Zwiebelblumen wie Dahlien (*Dahlia*-Hybriden) oder Indisches Blumenrohr (*Canna-Indica*-Hybriden), die bis zu 1,8 m erreichen können, Gladiolen (*Gladiolus*-Hybriden) bis 1,2 m. Sie werden ab März im Haus angetrieben und ab Anfang Mai ins Freie gepflanzt. Vor dem ersten Frost gräbt man sie aus und lagert sie über Winter im Keller.

Nur eine Saison lang, aber dafür mit voller Energie, umsäumen ab Mitte Mai einjährige Sommerblumen Ihren Lieblingssitzplatz. Wahre Riesen sind Sonnenblumen (*Helianthus annuus*) und Wunderbäume (*Ricinus communis*) mit bis zu 3 m Höhe. Auch Stockrosen (*Alcea rosea*) werden bis zu 2 m hoch, Ziertabak (*Nicotiana alata*) und Mexikanische Sonnenblume (*Tithonia rotundifolia*) immerhin 1,5 m. Ein optischer wie kulinarischer Genuss ist eine Einfassung mit dem wärmebedürftigen Zuckermais (*Zea mays*).

Efeu an der Wand schafft „Grüne Zimmer" im Freien zum Gärtnern und Genießen.

Grossartige Gräser

Die Meister unter den Stauden aber sind die Ziergräser, allen voran die verschiedenen Sorten des Chinaschilfs (*Miscanthus sinensis*), die übermannshoch werden. An feuchten Stellen erreicht das Pfahlrohr (*Arundo donax*) sogar bis zu 3,5 m. Pampasgräser (*Cortaderia selloana*) entwickeln zwar nur etwa 1 m hohe Blatthalme, aber bis zu 2,5 m hohe Blütenstände, die wie Straußenfedern dicht an dicht stehen. Gleiches gilt für das Riesen-Pfeifengras (*Molinia arundinacea* 'Windspiel'), das mit Hilfe seiner Blütenstände über 2 m erreicht. Goldbartgras (*Sorghastrum nutans*), Goldleistengras (*Spartina pectinata*) und Zotten-Raugras (*Spodiopogon sibiricus*) bringen es auf 1,5 m, hinter denen man wunderbar ungestört sitzen kann.

Wahrhaft unübersehbar sind Bambus-Horste. Unter dem Begriff „Bambus" fasst man über 200 verschiedene Arten dieser ostasiatischen Riesengräser zusammen. Sie sind je nach Art bis –20 °C zuverlässig frosthart, sollten aber nicht an windigen Plätzen stehen, da ihr immergrünes Blattwerk sonst im Winter bei gefrorenem Boden zu leicht austrocknet. Die Horste werden mit den Jahren immer dichter, sollten aber in ihrer Ausdehnung gezügelt werden, indem man dicke Plastikbahnen, so genannte Wurzelsperren, leicht schräg in den Boden eingräbt (in Bambusbaumschulen erhältlich). Die Höhe lässt sich wie bei normalen Hecken durch Schnitt regulieren. Für den Hausgarten als Sichtschutzpflanzung sind jene Arten besonders geeignet, die 2 bis 3 m hoch werden.

Bambus bietet nicht nur Schutz vor fremden Blicken, sondern auch vor Wind und Lärm.

Empfehlenswerte Bambusarten

Bambus-Art	Eigenschaften
Fargesia nitida	kaum Ausläuferbildung, feines, aber sehr dichtes Laub; frosthart bis –25 °C
Sasa palmata	breitblättrig; sehr dichter, buschiger Wuchs; kaum Ausläufer; frosthart bis –18 °C; 1,5 bis 2 m Höhe
Hibanobambusa tranquillans	breitblättrig; dichter Wuchs; anspruchslos und sehr anpassungsfähig; frosthart bis –20 °C; 3 bis 4 m Höhe
Phyllostachys bissetii	mittelgroßes, dichtes Blattwerk; anspruchslos und sehr widerstandfähig auch bei rauem Klima; frosthart bis –20 °C; 4 bis 6 m Höhe
Phyllostachys nigra	kleines, dichtes Blattwerk; verträgt fast alle Standorte; frosthart bis –12 °C; 3 bis 5 m hoch

Praxis

Gebauter Sichtschutz

Guter Halt für alle Zeit

Wer Sichtschutzwände oder Pergolen aus Holz errichten möchte, sollte auf folgende Punkte achten:

- Bevorzugen Sie bei Holzschutzwänden stabil gefertigte Modelle, die fest gesteckt und geklebt, eventuell sogar verschraubt sind. Billig-Modelle sind häufig nur getackert. Treten bei Windböen Scherkräfte auf, gehen sie sehr leicht „aus dem Leim".
- Erkundigen Sie sich nach der Holzart. Fichtenholz ist wenig witterungsbeständig und verrottet selbst bei regelmäßigem Schutzanstrich relativ rasch. Weitaus resistenter ist zum Beispiel Robinienholz. Auch Eichenholz ist langlebig. Der höhere Preis zahlt sich durch die längere Haltbarkeit durchaus aus. Verzichten Sie auf Tropenhölzer.
- Damit die Bauten auch stärkeren Windböen standhalten, sollte man stabile Holzbalken mit mindestens 8 cm Kantenlänge als Stütze verwenden. Bei Pergolen müssen sie, je nach Spannweite, deutlich dicker sein.
- Holz verrottet, wenn es wechselweise feucht und nass wird. Besonders kritisch ist deshalb der Übergang von Holzbalken in den Boden. Metallfüße oder -schuhe sichern einen Abstand von 15 bis 20 cm zum Boden. Sie sind in jedem Baufachhandel erhältlich und aus verzinktem Eisen gefertigt.

Berg-Waldreben (Clematis montana *'Rubens'*) *recken ihre blütenbesetzten Triebspitzen gerne der Sonne entgegen, während ihre Füße lieber im Schatten bleiben.*

Zugleich ermöglicht die Abschrägung der Betonfundamente, dass man bis nah an die Stützen Erde einfüllen und diese dadurch harmonischer in den Garten integrieren kann.

- Sollen Sichtschutz-Elemente aus Holz Jahrzehnte halten, müssen sie im Rhythmus von 2 bis 3 Jahren mit Holzschutzmitteln (zum Beispiel Lasuren) eingelassen werden. Das bedeutet natürlich jedes Mal ein Entfernen des Pflanzenbewuchses. Verwenden Sie deshalb bei pflegeintensiven Holzschutzzäunen bevorzugt schwachwüchsige Kletterpflanzen, die nicht in Kürze ein dichtes Gewirr an Trieben bilden. Ungünstig sind selbstklimmende Arten, wie Efeu oder Wilder Wein, deren Haftwurzeln oder -scheiben sich nur schwerlich vom Holz entfernen lassen. Alternativ verzichtet man auf den regelmäßigen Anstrich und nimmt einen früheren Verfall in Kauf.
- Oder man greift zu Sichtschutzzäunen aus Kunststoff. Ihnen ist eine Maserung eingeprägt, die der Optik echten Holzes sehr nahe kommt. Achten Sie auch hier auf Qualität, damit der Kunststoff dem Sonnenlicht – und hier vor allem der UV-Strahlung – standhält und nicht nach wenigen Jahren bereits spröde wird.

Stauden, Kletterpflanzen und Sträucher: hier sorgt das ganze Garten-Ensemble gemeinsam für gemütliche Stunden.

- Diese Metallfüße sind entweder mit einer Schraube versehen, mit der man sie in den Boden dreht, oder sie werden in ein Fundament gesetzt. Für ein frostfreies Fundament wird ein 80 cm tiefes Loch ausgehoben und etwa 50 cm hoch mit grobem Kies gefüllt. Anschließend Magerbeton einfüllen und darin die Stützstäbe der Metallfüße einsenken. Die Betoneinfüllung abstreichen, solange sie noch feucht ist, damit schräge Oberkanten entstehen. So läuft Wasser besser ab und staut sich nicht auf den Fundamenten, was langfristig zu Schäden führen kann.

Efeu (Hedera helix) *hangelt sich mit Hilfe von Haftwurzeln an jeder rauen Unterlage empor.*

Pflanzen einsetzen

Richtig pflanzen von Anfang an

Für einen optimalen Start frisch gekaufter Pflanzen zur Hauptpflanzzeit im März und April sollten Sie Folgendes berücksichtigen:

- Prüfen Sie, ob der gewählte Standort stimmt. Bei Sträuchern für Hecken ist er je nach Pflanzenart verschieden. Hier geben Ihnen Bücher oder das Internet genaue Auskunft (Seite 46). Als Grundregel für sommergrüne Kletterpflanzen gilt: „Den Fuß im Schatten, den Kopf in der Sonne." Mit bodendeckenden Stauden als „Fußschutz" kommt man diesem Wunsch in vollsonnigen Lagen sehr gut nach. Immergrüne Kletterpflanzen sind dagegen im ganzjährigen Halbschatten besser aufgehoben. Auch sie würden zwar die Sommersonne schätzen, doch trocknet die Wintersonne das Laub zu stark aus.
- Für die meisten Pflanzen ist ein lockerer Boden ideal, der sowohl reichlich Humus, als auch Sand- und Lehmanteile enthält. Sehr schwere, tonhaltige Lehmböden werden mit grobem Sand aufgelockert, sehr leichte, sandige Böden mit Komposterde verbessert, damit sie mehr Wasser und Nährstoffe aufnehmen können. Saure Moorböden reichert man mit Kalk an, damit sie einen für die meisten Pflanzen tolerablen Säuregrad (pH-Wert) von 7 erreichen. Sonst kann es zu Mangelerscheinungen wie fahlgelben Blättern oder Krüppelwuchs kommen.
- Die jeweiligen Pflanzlöcher sollten mindestens doppelt so tief und breit sein wie der Wurzelballen der einzusetzenden Pflanze – bei schweren Böden eher noch größer. Der Boden der Pflanzgrube wird mit kräftigen Spatenstichen gelockert

Kletterpflanzen richtig pflanzen

1. Kletterpflanzen setzt man schräg zur Hauswand ein. Die Pflanzerde sollte humusreich sein.

2. Leiten Sie die Triebe an das Rankgerüst heran.

3. Eine Mulchschicht hält den Boden länger feucht.

Baumwürger (Celastrus orbicularis) *wächst ungeheuer schnell und bietet raschen Sichtschutz. Im Herbst leuchten die gelben Blätter und Beerenfrüchte.*

und bei nässeempfindlichen Arten eine 10 bis 20 cm dicke Kiesschicht als Dränage eingefüllt.

- Halten Sie bei Kletterpflanzen von Hausmauern oder Sichtschutzwänden 30 bis 40 cm Abstand, um dem Regenschatten des Hauses auszuweichen. Steht eine Pflanze mit ihren Wurzeln vollständig unter einem Dachüberstand, erhält sie kaum Regenwasser und muss regelmäßig gegossen werden. Häufig befindet sich rund ums Haus zudem eine Dränage, in die keine Pflanzen hineinwurzeln sollten.
- Während Sträucher und Bäume gerade in die Pflanzlöcher gesetzt werden, richtet man Kletterpflanzen leicht schräg aus. Damit zeigen Sie den Trieben sogleich die richtige Richtung an, in der sie sich entwickeln sollen. Ein Teil der Triebe wird durch das Schrägsetzen mit Erde angeschüttet, was sie zu vermehrter Wurzelbildung anregt.
- Als Pflanzerde wird voll ausgereifter Kompost oder gute Gartenerde (siehe oben) verwendet. Reiner Torf ist fehl am Platz. Füllen Sie das Pflanzloch nach und nach auf und drücken Sie das Substrat zwischendurch immer wieder leicht mit den Handballen oder Schuhen fest, damit sich eventuelle Hohlräume schließen. Zur Düngung haben sich organische Langzeitdünger wie Hornspäne bewährt. Sie zersetzen sich nur allmählich und geben ihre Nährstoffe in kleinen Portionen über viele Monate frei.
- Zum Schluss wird der Pflanzbereich kräftig gewässert, damit sich die frisch eingefüllte Erde setzt und eingeschlämmt wird. Praktisch ist, wenn man rundherum einen kleinen Erdwall als Gießrand aufschüttet, denn auch in den ersten Wochen nach dem Pflanzen sollte man die Erde gut stets feucht halten.

Schön ausgeheckt

Hecken pflanzen

Hecken bestimmen für Jahrzehnte das Bild eines Gartens. Deshalb sollte man bei ihrer Pflanzung besondere Sorgfalt walten lassen.

- Für sommergrüne Hecken ist im März die beste Pflanzzeit. Zusätzlich kann man sie im Herbst setzen, doch besteht hier eine größere Gefahr von Frostausfällen. Heckenpflanzen, die in der Baumschule in Töpfen kultiviert wurden und beim Kauf einen festen Wurzelballen haben, können den ganzen Frühling und Sommer gesetzt werden, sofern man in den Folgewochen für eine gleichmäßige Bodenfeuchte sorgt. Immergrüne Hecken setzt man am besten im August und September. So können sie bis zum Wintereinbruch gut einwurzeln, ohne in Trockenstress zu kommen, denn der Herbst ist oftmals regenreicher und weniger heiß als die Frühjahrsmonate.
- Überlassen Sie die Geradlinigkeit einer Hecke nicht dem Zufall. Es macht nicht viel Mühe, an den beiden Enden der geplanten Pflanzreihe zwei Holzpflöcke oder Eisenstangen in den Boden zu treiben und dazwischen eine Schnur zu spannen. Bei längeren Reihen setzt man mehrere Pfähle als Zwischenposten in die Flucht.
- Heben Sie bei Heckenpflanzungen nicht jedes Pflanzloch einzeln aus, sondern zusammenhängende Gräben. Sie sollten mindestens doppelt so breit und tief sein wie die kräftigsten Wurzeln messen.
- Der Pflanzabstand beträgt je nach Art zwischen 20 cm bei kleinwüchsigen Arten und 40 bis 50 cm bei starkwüchsigen Arten wie Buche. Im Durchschnitt kalkuliert man drei Pflanzen pro laufenden Meter.
- Schneiden Sie bei wurzelnackten Pflanzen, die ohne Erdballen verkauft werden, beschädigte Wurzeln weg.
- Orientieren Sie sich beim Einsetzen der Pflanzen an den Stämmen oder Haupttrieben, die in einer

Hecken pflanzen Schritt-für-Schritt

1. Heben Sie einen gerade verlaufenden Pflanzgraben aus.

2. Die Pflanzen austopfen und in den Graben setzen.

3. Mit guter Erde auffüllen, antreten und gut wässern.

Linie sitzen sollten. Ausbuchtungen der Kronen korrigiert man mit dem regelmäßigen Schnitt.

- Am besten geht das Pflanzen zu zweit. Der eine hält die Pflanze in der richtigen Höhe, der andere füllt gute Erde in den Pflanzgraben ein. Halten Sie den Stamm vor allem auch dann fest, wenn Sie die Erde rund um die Pflanzen festtreten. Sonst kann es passieren, dass der Stammansatz absackt und mit Erde angeschüttet wird. Viele Rinden faulen dann, die Versorgungsleitungen von den Wurzeln zu den Kronen ist unterbrochen und die Pflanzen gehen im Extremfall ein.
- Kürzen Sie die Kronen wurzelnackter Pflanzen gleich nach dem Pflanzen um mindestens ein Drittel ihrer Höhe ein. Seitentriebe, die zu weit herausragen und die Form stören, werden ebenfalls gekappt, damit von Anfang an ein formschönes Heckenbild entsteht.
- Sollten die Hecken standschwach sein oder an einem sehr windigen Standort stehen, stellt man entweder den einzelnen Exemplaren einen Stützstab zur Seite oder fasst sie alle mit straff gespannten Schnüren auf beiden Seiten zusammen.

Dichte Hecken, wie hier aus Hainbuchen, halten unerwünschte Blicke fern. Geschnittenen Buchskegel und -kugeln lockern die strenge, geradlinige Form auf.

4. Gießen Sie die Pflanzflächen mit einem feinen Strahl kräftig und durchdringend an.

5. Kürzen Sie die Triebe gleich nach dem Pflanzen um die Hälfte oder zwei Drittel.

6. Eine Schicht aus Rindenmulch hält den Boden feucht und hemmt Wildkräuter.

Der richtige Schnitt

Hecken schneiden

1. *Führen Sie den Schnitt stets von unten nach oben aus.*

2. *Achten Sie darauf, dass das Kabel seitlich am Körper verläuft und nicht in die klingen gerät.*

3. *Sorgen Sie für einen sicheren Stand der Leiter. Die Heckenkrone wird halbrund geschnitten.*

Pflanzen richtig schneiden

Der Pflanzenschnitt ist gar nicht schwer, wenn man die Grundregeln kennt:

- Jeder Trieb, den man aus optischen Gründen ohnehin nicht haben möchte, kostet die Pflanzen unnötig Kraft. Kürzen Sie solche Triebe deshalb so bald wie möglich ein – das darf auch während der Sommermonate sein. Bei jungen Hecken, die besonders kräftig wachsen, kann in diesem Sinne ein drei- bis viermaliger Schnitt im Jahr nötig sein, bei älteren Kronen genügt oft ein einziger Anfang Juli.
- Für größere Kronenkorrekturen wie zum Beispiel das drastische Einkürzen einer älteren Hecke, die zu hoch geworden ist, sind die Monate vorbehalten, in denen die Kronen laublos sind. Der beste Zeitpunkt ist im Februar oder März, kurz bevor das neue Wachstum einsetzt, da die Schnittwunden dann rasch verheilen. Würde man im Dezember schneiden, bleiben die Wunden lange offen und bieten Eintrittspforten für Krankheiten. Immergrüne Hecken schneidet man Mitte Juli bis Mitte August, da sie zu diesem Zeitpunkt ihren Hauptwachstumsschub abgeschlossen haben und dadurch bis weit ins nächste Frühjahr hinein nicht mehr aus der Form geraten.
- Kleinblättrige Pflanzen kann man mit einer Heckenschere schneiden, großblättrige wie Kirschlorbeer oder Lorbeer sollte man mit einer Handschere schneiden, um die Blätter nicht zu zertrennen. Sonst bleiben unschöne Trockenränder, die das Erscheinungsbild der Pflanzen monatelang stören.
- Hecken dürfen grundsätzlich nicht geschnitten werden, solange Vögel in ihnen brüten, da diese sonst so gestört werden können, dass sie ihre Jungen im Stich lassen. Je nach Bundesland gibt es unterschiedliche Bestimmungen. Kontrollieren Sie vor dem Schnitt sorgfältig, ob Vögel in Ihrer Hecke brüten.

Die besten Pflanzen

Einjährige Kletterpflanzen

Glockenrebe

Cobaea scandens

Blüte: wechselt von grünlich-gelb über purpur bis hin zu bläulich-violett; von Juli bis Oktober. **Wuchs:** 2 bis 6 m hoch, rankend. **Standort:** sonnig bis halbschattig in durchlässiger bis sandig-humoser Erde; als Kübel- oder Beetpflanze. **Pflege:** hoher Wasser- und Nährstoffbedarf. **Besonderheiten:** pflegeleichte Anfängerpflanze; schnellwüchsig; imposante Blüten; einjährig kultiviert mit jährlicher Neuaussaat ab Februar im Haus; oder mehrjährig gezogen mit heller Überwinterung bei 10 °C.

Quamoclit, Sternwinde

Ipomoea lobata

Blüte: leuchtend scharlachrote, gelblich verblühend Blütenrispen, von Juli bis Oktober; sehr zahlreich **Wuchs:** 1,5 bis 3 m hoch; schlingend. **Standort:** sonnig möglichst wind- und regengeschützt, in durchlässiger bis sandig-humoser Erde; als Kübel- oder Beetpflanze. **Pflege:** hoher Wasser- und Nährstoffbedarf **Besonderheiten:** pflegeleicht und auch für Anfänge geeignet; schnellwüchsig; lange Blütezeit; einjährig Kultur mit jährlicher Anzucht ab April bei 20 °C; ode mehrjährige Kultur bei heller Überwinterung bei 10 °C

Weitere einjährige Kletterpflanzen

Ballonrebe, Herzsame *Cardiospermum halicacabum* blüht grünlich weiß von Juni bis September und trägt ab Juli ballonartige, namensgebende Früchte, die sehr dekorativ sind und sich für Trockengestecke eignen; bis 3 m hoch rankend. **Standort:** sonnig und warm, geschützt, in durchlässiger bis sandig-humoser Erde. **Pflege:** mittlerer bis hoher Wasser- und Düngebedarf; robust und schnellwüchsig

Schönranke *Eccremocarpus scaber* hat von Mai bis Oktober orangerote Blüten; 2 bis 4 m hoch rankend. **Standort:** sonnig in durchlässiger bis sandig-lehmiger Erde. **Pflege:** mittlerer bis hoher Wasser- und Düngebedarf; entweder einjährig ziehen oder hell bei 10 °C überwintern; im Freien mit Winterschutz bedingt frosthart; Liebhaberpflanze

Rosenmantel, Rosenkelch

Rhodochiton atrosanguineum

Blüte: rötlich purpur bis purpurschwarz, von Juni bis September; die Blüten sind von pinkfarbenen Kelchen umgeben, die ihre Farbe wochenlang behalten. **Wuchs:** 1,5 bis 3 m hoch, rankend. **Standort:** sonnig bis halbschattig in humoser bis sandig-humoser Erde; als Kübel- oder Beetpflanze. **Pflege:** mittlerer bis hoher Wasser und Nährstoffbedarf. **Besonderheiten:** ungewöhnliche Blütenpflanze; pflegeleicht; einjährige Kultur mit jährliche Anzucht ab März bei 20 °C oder mehrjährige Kultur mit heller Überwinterung bei 8 °C möglich.

Kapuzinerkresse

Tropaeolum majus

Blüte: hellgelb, orange, rot, mehrfarbig oder gefranst von Juni bis September. **Wuchs:** 1,5 bis 3 m hoch, schlingend oder kriechend. **Standort:** sonnig bis halbschattig in lehmig-humoser Erde; als Kübel- oder Beetpflanze. **Pflege:** hoher Wasser- und Nährstoffbedarf. **Besonderheiten:** pflegeleichter Sichtschutz zum Genießen mit essbaren Blättern und Blüten; auf Grund leichter Anzucht und raschen Wuchses Überwinterung nicht lohnend, aber möglich; Aussaat ab Mitte Mai direkt ins Freie. Auch für Ampeln geeignet.

Duftwicke *Lathyrus odoratus* blüht purpurrosa bis dunkelpurpur, weinrot, ein- bis vielfarbig von Juli bis September; intensiv duftend; bis 2 m hoch rankend. **Standort:** sonnig bis halbschattig in durchlässiger bis sandig-humoser Erde. **Pflege:** mittlerer bis hoher Wasser- und Düngebedarf; hohe Sorten wie 'Royal' oder 'Mamut' verwenden; Aussaat ab April direkt ins Freie; schnellwüchsige Einsteigerpflanze

Feuerbohne *Phaseolus coccineus* blüht feuerrot von Juli bis August, 2 bis 4 m, windend; junge Bohnen essbar und sehr delikat. **Standort:** sonnig in fruchtbarer Erde; ein Spaß für Jung und Alt sind zeltartig aufgestellte Stangen als Klettergerüste, in derem Inneren sich „Spielhöhlen bilden. **Pflege:** hoher Wasser- und Düngebedarf; schnellwüchsig; Aussaat ab Mai direkt ins Freie; pflegeleichte Anfängerpflanze

Mehrjährige Kletterpflanzen

Trompetenblume

Campsis radicans

Blüte: orangerot, trompetenförmig von Juli bis September. **Wuchs:** 6 bis 10 m hoch, mit Haftwurzeln kletternd. **Standort:** sonnig bis warm, geschützt, in durchlässiger bis sandig-lehmiger Erde. **Pflege:** mittlerer bis hoher Wasser- und Nährstoffbedarf; im Frühjahr alle Seitentriebe auf 2 bis 3 Knospen einkürzen, da nur die neuen Triebe reich blühen; zu lange Haupttriebe bei Bedarf einkürzen. **Besonderheiten:** kommt mit Hitze und Sommertrockenheit sehr gut zurecht; bei ausgepflanzten Exemplaren in den ersten Jahren Winterschutz empfehlenswert, bei Kübelpflanzen dauerhafter Frostschutz nötig.

Waldrebe

Clematis 'Barbara Jackman'

Blüte: je nach Art und Sorte jede Farbe möglich, sogar gefüllt oder zweifarbig; einige Arten lieblich duftend; Blüte bis zu handtellergroß. **Wuchs:** 2 bis 10 m hoch, mit Blattranke kletternd. **Standort:** sonnig bis halbschattig, geschützt, in sandig-humoser bis sandig-lehmiger Erde. **Pflege:** mittlerer Wasser- bis Nährstoffbedarf; nicht austrocknen lassen; für Kübelpflanzen leichter Frostschutz; frühlingsblühende Arten nur bei Bedarf leicht auslichten, Seitentriebe von sommerblühenden nach der ersten Blüte einkürzen, spätsommerblühende im Herbst auf 50 cm zurückschneiden.

Weitere mehrjährige Kletterkünstler

Fünfblättrige Akebie *Akebia quinata* hat zwischen April und Mai auffällige purpurrosa bis purpurbraune Blüten, auffällige Früchte ab August; 5 bis 8 m hoch schlingend. **Standort:** sonnig bis halbschattig in durchlässiger bis humoser Erde, anpassungsfähig; geschützt. **Pflege:** wärmeliebend; in der Jugend frostempfindlich, pflegeleichte Einsteigerpflanze

Großblättrige Pfeifenwinde *Aristolochia macrophylla* hat kleine, grünlich-braune Blüten zwischen Juni und Juli; 5 bis 10 m hoch schlingend. **Standort:** halbschattig bis schattig in durchlässiger Erde; windgeschützt. **Pflege:** mittlerer Dünge- und hoher Wasserbedarf; pflegeleichte Liebhaberpflanze mit auffällig großem Laub

Echtes Geißblatt
Lonicera caprifolium

Blüte: weiß bis cremegelb, zwischen April und Mai und zum zweiten Mal zwischen September und Oktober; auffällig gebogen; vor allem abends lieblich duftend. **Wuchs:** 3 bis 6 m hoch, schlingend, stark wachsend, aber wenig verzweigt. **Standort:** halbschattig in durchlässiger bis humoser Erde; anpassungsfähig; auch als Kübelpflanze. **Pflege:** mittlerer Wasser- und Nährstoffbedarf. **Besonderheiten:** große Kletterpflanzenfamilie mit vielen Arten wie dem Immergrünen Geißblatt (*Lonicera henryi*); dem rot-orange blühenden Roten Geißblatt (*Lonicera* x *brownii*) und dem Wald-Geißblatt (*Lonicera periclymenum*).

Chinesischer Blauregen, Glyzine
Wisteria sinensis

Blüte: blauviolette, bis zu 30 cm lange Blütentrauben, erscheinen vor den Blättern im Mai/Juni; blüht meist erst ab dem dritten bis fünften Jahr nach der Pflanzung. **Wuchs:** 8 bis 15 m hoch, starkwüchsig. **Standort:** sonnig bis halbschattig, geschützt, in durchlässiger bis sandig-lehmiger Erde. **Pflege:** hoher Wasser- und Nährstoffbedarf; lange Triebe im Spätsommer einkürzen. **Besonderheiten:** stabile Kletterhilfen verwenden; Triebe können Regenrohre und Dachrinnen quetschen; Sämlingspflanzen sind in Blühbeginn und -menge unkalkulierbar, deshalb sind stecklingsvermehrte Pflanzen vorzuziehen.

Efeu *Hedera helix* hat zwischen Oktober und November grüngelbe Blütendolden und im Frühjahr schwarzblaue Beeren; bis 20 m hoch, mit Haftwurzeln stark wachsend; immergrün. **Standort:** schattig bis halbschattig in nahrhafter, durchlässiger und frischer Erde. **Pflege:** Korrekturschnitt bei Bedarf, sonst anspruchslos

Kletter-Hortensie *Hydrangea anomala* ssp. *petiolaris* blüht weiß zwischen Juni und Juli; mit Haftwurzeln kletternd; 5 bis 7 m; langsamwüchsig; wintergrün. **Standort:** halbschattig bis schattig in durchlässiger bis humoser Erde, bevorzugt leicht saure Böden. **Pflege:** mittlerer Dünge- und Wasserbedarf; kein Schnitt erforderlich

Sommergrüne Heckenpflanzen

Feld-Ahorn

Acer campestre

Blüte: grüngelb, im Mai. **Wuchs:** 5 bis 15 m hoch, 5 bis 10 m breit; als geschnittene Hecke meist 3 bis 5 m hoch und 50 bis 80 cm breit. **Standort:** sonnig bis halbschattig in durchlässiger bis sandig-lehmiger Erde, anpassungsfähig; auch für Stadtklima geeignet. **Pflege:** mittlerer Wasser- und Nährstoffbedarf. **Besonderheiten:** mäßig schnellwüchsig; drei Pflanzen pro laufenden Meter setzen; leuchtend gelbe Herbstfärbung; die Sorte 'Carnival' hat weiß panaschiertes Laub; wächst aber lockerer; einheimische Art; wertvoll für die Tierwelt.

Hainbuche, Weißbuche

Carpinus betulus

Blüte: vor dem Laubaustrieb: männliche Kätzchen gelb, weibliche Blüten grün. **Wuchs:** als Hecke bis 3 m hoch. **Standort:** sonnig bis schattig in sandig-humoser Erde; liebt kalkhaltige Böden; anpassungsfähig. **Pflege:** geringer bis mittlerer Wasser- und Nährstoffbedarf. **Besonderheiten:** pflegeleicht; dichte verzweigte Äste; ideale Windschutzpflanze; trockenes Laub bleibt bis zum Frühjahr haften und bietet dadurch ganzjährigen Sichtschutz; drei Pflanzen pro laufenden Meter setzen; sehr langlebig und robust; die Sorte 'Fastigiata' ist besonders gut geeignet.

Noch mehr Kletterpflanzen

Kiwi *Actinidia deliciosa* blüht zwischen Mai und Juni cremefarben; Früchte ab September reif; für Fruchtansatz männliche und weibliche Pflanzen oder selbstfruchtende Sorten nötig; schlingend; 5 bis 8 m hoch; waagerecht ziehen. **Standort:** sonnig bis halbschattig in durchlässiger Erde. **Pflege:** mittlerer Wasser- und Düngebedarf; in jungen Jahren Winterschutz, später zuverlässig frosthart; Triebe jährlich auf 3 bis 5 Blätter nach dem letzten Fruchtansatz einkürzen

Kletterrose *Rosa* gibt es je nach Sorte in vielen Farben; Blütezeit bei öfterblühenden Sorten von Juni bis September, bei einmalblühenden im Juni/Juli. **Standort:** sonnig (bis halbschattig) in sandig-humoser bis lehmig-humoser Erde, Boden tiefgründig; nicht zu heiß, da sonst vermehrte Krankheitsanfälligkeit. **Pflege:** mittlerer

Rotbuche

Fagus sylvatica

Blüte: gelbgrün, zwischen April und Mai. **Wuchs:** 3 bis 5 m hoch als Hecke, im Einzelstand Großbaum: 25 m hoch und breit. **Standort:** sonnig bis schattig in humos-lehmiger Erde. **Pflege:** mittlerer Wasser- und Nährstoffbedarf; Wurzeln reagieren empfindlich auf Störungen; daher keine Grabearbeiten im Wurzelbereich. **Besonderheiten:** pflegeleichte, schnell wachsende Schnitthecke; das trockene Laub bleibt bis zum Frühjahr haften und bietet dadurch ganzjährigen Sichtschutz; zwei bis drei Pflanzen pro laufenden Meter setzen; sehr langlebig und robust.

Gewöhnlicher Liguster

Ligustrum vulgare

Blüte: weiß, zwischen Juni bis Juli. **Wuchs:** als Hecke dichtwüchsig bis 2 m Höhe, danach auseinander fallend; ohne Schnitt 2 bis 5 m breit, locker aufrecht und breit buschig. **Standort:** sonnig bis halbschattig in durchlässiger Erde; auch als Fertighecke in Pflanzkästen. **Pflege:** mittlerer Wasser- und Nährstoffbedarf. **Besonderheiten:** schnell wachsende, pflegeleichte Schnitthecke, 3 Pflanzen pro laufendem Meter setzen; stadtklimaresistent; die Sorte 'Atrovirens' behält im Winter das Laub oft bis Januar/Februar und sprießt ab März/April neu aus.

bis hoher Wasser- und Düngebedarf; regelmäßig im Frühjahr auslichten; Triebe waagerecht binden, da sie so am reichsten blühen

Gewöhnlicher Hopfen *Humulus lupulus* hat grüne Blüten im August, männliche und weibliche Pflanzen getrennt; schlingend; 5 bis 8 m. **Standort:** sonnig bis halbschattig in humoser bis sandig-lehmiger Erde. **Pflege:** stirbt im Winter bodennah ab und treibt im Frühjahr neu aus

Jungfernrebe, Wilder Wein *Parthenocissus tricuspidata* 'Veitchii' zeigt gelbgrüne Blütendolden im Juli und rotviolette Beeren in Trauben im Herbst; leuchtend rote Herbstfärbung; klettert mit Haftscheiben; 8 bis 15 m. **Standort:** sonnig bis halbschattig in durchlässiger Erde, anpassungsfähig. **Pflege:** anspruchslos

Blütenhecken

Goldglöckchen, Forsythie

Forsythia-Hybriden

Blüte: hellgelb bis goldgelb, von März bis April. **Wuchs:** 1,5 m hoch und im Alter ebenso breit, buschig kompakt oder breit ausladend. **Standort:** sonnig bis halbschattig in sandig-lehmiger bis durchlässiger Erde. **Pflege:** mittlerer Wasser- und Nährstoffbedarf; anspruchslos; Rückschnitt bei Bedarf unmittelbar nach der Blüte; im März gelegentlich einige der ältesten Triebe ganz herausnehmen, um Verjüngung anzuregen. **Besonderheiten:** als pflegeleichte Schnitthecke und für wild wachsende Hecken geeignet; Bienenmagnet im Frühling; ideal für Einsteiger.

Ball-Hortensie, Bauern-Hortensie

Hydrangea macrophylla

Blüte: je nach Sorte blau, rot, rosa, weiß zwischen Juli und September; blaue Blüten nur bei aluminiumhaltigen Böden und entsprechenden Nährstoffgaben (Kali-Alaun). **Wuchs:** 0,6 bis 1,2 m hoch und ebenso breit. **Standort:** bei feuchtem Boden sonnig, sonst halbschattig in lehmig-humoser Erde, Boden leicht sauer. **Pflege:** hoher Wasser- und mittlerer Nährstoffbedarf; vorjährige Blütenstände erst im zeitigen Frühjahr zurückschneiden. **Besonderheiten:** für einreihige Mono-Hecken oder gemischte, wild wachsende Hecken geeignet; auch als Kübelpflanze.

Noch mehr Blütenpracht

Weißdorn *Crataegus monogyna* hat im April weiße Blüten, auf die rote Beeren folgen, die erst nach dem ersten Frost genussreif sind; stark bewehrt; Vogelnähr- und Vogelschutzgehölz; 2 bis 5 m. **Standort:** sonnig bis halbschattig in durchlässiger Erde. **Pflege:** anspruchslos; bevorzugt Containerpflanzen setzen; wurzelnackte Pflanzen wachsen oft schwer an

Kornelkirsche *Cornus mas* blüht gelb im März oder April vor dem Laubaustrieb; rote Früchte; Vogelschutzgehölz; 2 bis 4 m. **Standort:** sonnig bis halbschattig in durchlässiger Erde. **Pflege:** anspruchslos; gut schnittverträglich

Scheinquitte *Chaenomeles speciosa* hat auffällige reinrosa bis dunkelrote Blüten von März bis April; im Spätsommer gelbe Früchte mit duf-

Gartenjasmin, Pfeifenstrauch

Philadelphus coronarius

Blüte: rahmweiß, von Mai bis Juni; intensiv duftend. **Wuchs:** 2 bis 3 m hoch, 1,5 bis 2 m breit, straff aufrecht bis leicht überhängend. **Standort:** sonnig bis halbschattig in durchlässiger bis sandig-lehmiger Erde. **Pflege:** mittlerer Wasser- und Nährstoffbedarf; im März vor dem frischen Austrieb gelegentlich einige der ältesten Triebe bodennah herausnehmen, um Sträucher jung zu halten. **Besonderheiten:** robust und pflegeleicht; nur 1 bis 1,5 m hoch sind Sorten wie 'Belle Etoile', 'Dame Blanche', 'Girandole' oder 'Schneesturm'.

Wildrosen

z. B. Hundsrose: *Rosa canina*

Blüte: rosa, innen heller, weißgelbe Staubgefäße von Mai bis Juni; einmal blühend; duftend; rote, verwertbare Hagebutten im Herbst. **Wuchs:** bis 3 m hoch und im Alter ebenso breit, buschig aufrecht, später überhängend. **Standort:** sonnig bis absonnig in sandig-humoser bis lehmig-humoser Erde. **Pflege:** mittlerer Wasser- und Nährstoffbedarf; anspruchslos; verträgt auch Trockenheit. **Besonderheiten:** für wild wachsende Blütenhecken, wertvolle Bienenweide und Vogelnähr- und -brutgehölz.

tender Schale; dornig; 2 bis 3 m. **Standort:** sonnig bis halbschattig in durchlässiger Erde. **Pflege:** anspruchslos, mittelschnell wachsend

Deutzie 'Mont Rose' *Deutzia* x *hybrida* zeigt im Mai rosa Blüten in überreicher Zahl; rundkronig; 2 bis 2,5 m. **Standort:** sonnig bis halbschattig in sandig-lehmiger Erde, anpassungsfähig. **Pflege:** in Trockenzeiten gut wässern

Pracht-Spiere *Spiraea* x *vanhouttei* blüht von Mai bis Juni weiß und überreich; elegant überhängende Triebe; 2 bis 2,5 m. **Standort:** sonnig in durchlässiger bis sandig-lehmiger Erde. **Pflege:** anspruchslos; sehr ähnlich: Japanische Strauch-Spiere (*Spiraea nipponica*); Rückschnitt nach der Blüte, um die Bildung junger, reich blühender Triebe zu fördern

Immergrüne Hecken

Buchsbaum

Buxus sempervirens var. *arborescens*

Blüte: gelb, zwischen April und Mai, meist nur bei ungeschnittenen Büschen. **Wuchs:** 2 m hoch, dicht buschig, breit aufrecht; langsamwüchsig. **Standort:** bei feuchtem Boden vollsonnig, sonst halbschattig bis schattig in durchlässiger Erde. **Pflege:** mittlerer Nährstoff- und Wasserbedarf. **Besonderheiten:** pflegeleicht und sehr robust; kompakt wachsend; für figürlichen Formschnitt, im Japangarten oder zur Grabbepflanzung geeignet; ideal als Kübelpflanze, dann ist eine Schattierung und im Winter Frostschutz für die Wurzeln nötig.

Lorbeerkirsche, Kirschlorbeer

Prunus laurocerasus

Blüte: weiß, zwischen Mai bis Juni; im Herbst blaue Beeren. **Wuchs:** 2 m hoch und ebenso breit; großblättrig. **Standort:** halbschattig in lehmig-humoser bis sandig-humoser Erde, Boden schwach sauer; auch als Kübelpflanze. **Pflege:** mittlerer Wasser- und Nährstoffbedarf; beim Schnitt Blätter nicht durchtrennen, da sonst unschöne Trockenränder bleiben; Triebe deshalb nicht mit Heckenschere, sondern einzeln schneiden. **Besonderheiten:** pflegeleicht und sehr robust, ideal für Einsteiger; ein bis zwei Pflanzen pro laufendem Meter setzen; gedeiht auch im Kübel.

Weitere Immergrüne für dichte Hecken

Scheinzypresse *Chamaecyparis lawsoniana* ist in vielen Spielarten mit gelben, bläulichen oder tiefgrünen Nadeln oder Schuppen erhältlich; 2 bis 5 m. **Standort:** bevorzugt einen sonnigen bis halbschattigen Standort in durchlässiger bis sandig-lehmiger Erde. **Pflege:** bei Trockenheit wässern; schnellwüchsig, daher Schnitt meist zwei Mal pro Jahr (April/Juli)

Stechpalme, Gemeine Hülse *Ilex aquifolium* trägt im Mai weiße Blüten, im Spätsommer dekorative, rote Beeren in dichten Dolden; stachelige Blattränder; 2 bis 4 m. **Standort:** halbschattig bis schattig in durchlässiger bis sandig-lehmiger Erde, bevorzugt sauren bis neutralen Boden. **Pflege:** langsamwüchsig; daher meist nur einmaliger Schnitt pro Jahr (Juli)

Eibe

Taxus baccata

Wuchs: als Hecke selten über 3 m, im Einzelstand 10 m hoch, 8 bis 12 m breit; weiche, frischgrüne Nadeln; langsamwüchsig. **Standort:** halbschattig bis schattig in lehmig-humoser Erde; kalkliebend; liebt hohe Luftfeuchte, daher keine zugigen Plätze wählen. **Pflege:** mittlerer Wasser- und Nährstoffbedarf; bei Kübelpflanzen Frostschutz für die Wurzeln. **Besonderheiten:** robsute und pflegeleichte Einsteigerpflanze, auch für Kübel; ideal für schattige Lagen; zwei bis 3 Pflanzen pro laufendem Meter; giftig.

Abendländischer Lebensbaum

Thuja occidentalis

Wuchs: bis 3 m als Hecke, im Einzelstand 15 m hoch, 3 bis 5 m breit, kegelförmig; in Sorten mit gelblichen Nadelschuppen erhältlich. **Standort:** sonnig bis halbschattig in durchlässiger, humoser, sandig-lehmiger Erde; auch als Kübelpflanze. **Pflege:** mittlerer Wasser- und Nährstoffbedarf; anspruchslos und anpassungsfähig, jedoch nicht austrocknen lassen. **Besonderheiten:** schnell wachsende, preisgünstige Pflanzen; leider in Massen verwendet und dadurch eintönig.

Wacholder *Juniperus virginiana* zeichnet sich je nach Sorte durch grüne oder stahlblaue Nadelschuppen aus; säulenförmiger, schlanker Wuchs; 2 bis 4 m. liebt **Standort:** sonnige bis halbschattige Standorte in kalkreichen Böden. **Pflege:** sehr robust; mäßig wüchsig, sodass einmaliger Schnitt pro Jahr zumeist genügt (Juli)

Feuerdorn *Pyracantha-Hybriden* blühen zwischen Mai und Juni in weißen Dolden; im Herbst folgt auffälliger Fruchtschmuck in Rot, Orange oder Gelb in dichten Trauben; dornig; 2 bis 4 m. **Standort:** sonnig bis halbschattig in sandiger, durchlässiger Erde. **Pflege:** anspruchslos; verträgt sogar Trockenheit; sparrig wachsend; dichte Verzweigung erst mit den Jahren

Bambus und Gräser

Schirm-Bambus

Fargesia murieliae

Blüte: ährige Rispen, blüht sehr selten und stirbt nach der Blüte ab. **Wuchs:** 2,5 bis 4 m hoch und 1 bis 5 m breit; aufrecht, horstbildend. **Blätter:** weiß- oder gelbgrün gemustert, immergrün. **Standort:** sonnig bis halbschattig in frischer, feuchter, lehmig-humoser Erde. **Pflege:** hoher Wasser- und Nährstoffbedarf; im Winter an frostfreien Tagen wässern. **Besonderheiten:** pflegeleicht, bildet nur schwach Ausläufer, dennoch ist eine Rhizomsperre ratsam; verträgt Rückschnitt.

Hohes Pampasgras

Cortaderia selloana

Blüte: silbrig weiß von September bis Oktober. **Wuchs:** 2 m hoch und 60 bis 100 cm breit; straff aufrecht, horstbildend. **Blätter:** bläulich bis mittelgrün, bandförmig. **Standort:** sonnig in durchlässiger bis sandig-lehmiger Erde. **Pflege:** hoher Nährstoffbedarf; gleichmäßig gießen; im Winter die Halme oben zu einem Zelt zusammenbinden, Wurzeln mit Laub und Reisig abdecken. **Besonderheiten:** pflegeleicht, für Einzelpflanzung, schnittverträglich.

Auch zu empfehlen

Riesenschilf *Arundo donax* wächst aufrecht, horstbildend und wird 2 bis 5 m hoch und bis 80 cm breit. Das Laub ist grau- bis mittelgrün. **Standort:** sonnig in, feuchter und humoser Erde; braucht viel Wasser und Nährstoffe. **Pflege:** Pflanzabstand 1 bis 1,5 m; Rückschnitt im Frühjahr; Winterschutz empfehlenswert

Chinaschilf *Miscanthus sinensis* wird 1,5 bis 2,5 m hoch und 0,9 bis 1,2 m breit. Die auffälligen silbrig-weißen Blütenstände erscheinen im September/Oktober. **Standort:** sonnig. **Pflege:** hoher Wasser- und Nährstoffbedarf, Pflanzabstand 1 bis 1,5 m; die Sorten 'Zebrinus' (mit quer gestreiften Blättern) und 'Rotsilber' (rosaroter Blütenstand) sind besonders attraktiv; die Art *Miscanthus floridulus* wird bis 3,5 m hoch

Blumen und Stauden

Orient-Stockrose

Alcea rosea

Blüte: in vielen Farbvariationen von Gelb, Rosa und Rot bis Purpur und Weiß ab Juli bis Ende September. **Laub:** mattgrün. **Wuchs:** 2 bis 2,50 m hoch und 60 bis 80 cm breit; straff aufrecht. **Standort:** sonnig. **Pflege:** mittlerer bis hoher Nährstoffbedarf; wenig bis regelmäßig gießen; ein- oder zweijährig (teils auch mehrjährig). **Besonderheiten:** schnell und leicht zu pflegende Einsteiger-Pflanze, auch als Schnittblume, für bunte Blumenbeete und Sichtschutz-Rabatten, lockt Bienen und Schmetterlinge an.

Hoher Garten-Rittersporn

Delphinium x *cultorum* Pacific-Gruppe

Blüte: Farbvariationen in Rosa, Lila, Blau und Weiß, von Juni bis September. **Laub**: frischgrün. **Wuchs:** bis 1,80 m hoch und 60 bis 90 cm breit; straff aufrecht, horstbildend. **Standort:** sonnig. **Pflege:** hoher Nährstoffbedarf; regelmäßig gießen; Jungpflanzen werden gerne von Schnecken gefressen; frosthart. **Besonderheiten:** schnell und leicht zu pflegende Staude für Garten-Einsteiger; für bunte Beet- und Staudenpflanzungen, gibt schnellen Sichtschutz; geeignete Sorten, sind 'Lanzenträger', 'Nachtwache' und 'Zauberflöte'.

Purpur-Wasserdost *Eupatorium purpureum* wird 1,5 bis 2,2 m hoch und bis 1 m breit. Die purpurroten Blütendolden (locken Schmetterlinge an!) erscheinen von Juli bis September. **Standort:** sonnig bis halbschattig, Wasser- und Nährstoffebdarf hoch. **Pflege:** den Spross im späten Herbst oder zeitigen Frühjahr zurückschneiden; Pflanzabstand 1 m

Kreuzkraut *Ligularia dentata* wird 1 bis 1,5 m hoch und 60 bis 90 cm breit. Die goldgelben Blüten erscheinen von August bis September. **Standort:** halbschattig; Nährstoffbedarf ausgeglichen bis hoch, regelmäßig gießen. **Pflege**: pflegeleicht; vor Schneckenfraß schützen; Pflanzabstand 70 cm; die Sorte 'Desdemona' hat orangegelbe Blüte und dunkelpurpurnes Laub

Adressen

Eine optimale Informationsquelle in allen Pflanzenangelegenheiten bietet Ihnen das Gartenforum der Zeitschrift MEIN SCHÖNER GARTEN. *http:/www.mein-schoener-garten.de*

Baumschulen

Baumschule Schob
Lößnitzer Str. 82
08141 Reinsdorf
www.schob.de

Baumschule Lorberg
Zachower Straße 4
14641 Tremmen
www.lorberg.com

Baumschule Hachmann
Brunnenstr.68
25355 Barmstedt
www.hachmann.de

Baumschule Bruno Wenk
Dickenrück
36199 Rotenburg a.d. Fulda

Artländer Pflanzenhof
Fliegerhorst 2
49635 Badbergen

Ahornblatt GmbH
Postfach 1125
55001 Mainz
www.ahornblatt-garten.de

Baumschule Baumgartner
Hauptstr.2
84378 Nöham bei Pfarrkirchen
www.baumgartner-baumschulen.de

Wörlein GmbH
Baumschulweg 9
86911 Dießen am Ammersee
www.woerlein.de

Kletterpflanzen/Clematis

F.M. Westphal Clematiskulturen
Peiner Hof 7
25497 Prisdorf
www.clematis-westphal.de

Kübelpflanzen

Flora-Toskana
Böfinger Weg 10
89075 Ulm
www.flora-toskana.de

Sichtschutzelemente

dk PLUS
Sdr. Ringvej 1-6
DK-6600 Vejen
www.plus.dk

Register

Halbfette Seitenzahlen verweisen auf Abbildungen.

71 Farbfotos von:
Ursel Borstell, Essen: 25
Dkplus, Vejen: 17 u
Gartenschatz, Stuttgart: 11, 19 u, 20, 21 beide, 24, 27 u, 34 beide, 35 re, 36 li, 37 beide, 38 beide, 39 beide, 40 beide, 41 beide, 42 beide, 43 beide, 44 li, 45 li
Christian Gehler, Berlin: 23, 27 o
Mein schöner Garten/Bodo Butz, Offenburg: 30 (alle 3), 31 (unten alle 3), 32 (alle 3)
Mein schöner Garten/Petra Jarosch, Offenburg: 17 o
Noack-Rosen, Gütersloh: 15 u
Wolfgang Redeleit, Bienenbüttel: 6, 7, 10, 26, 31 o
Tierfoto Reinhard, Nils Reinhard, Heiligkreuzsteinach-Eiterbach: 41 li
Tierfoto Reinhard, Hans Reinhard, Heiligkreuzsteinach-Eiterbach: 13, 15 o, 18, 19 o, 21, 29, 33, 35 li, 38 re, 41 re, 44 re, 45 re
Manfred Ruckszio, Taunusstein: 12, 22
Friedrich Strauß, Au/Hallertau: 2/3
Alice Thienschmidt, Daniel Böswirth, Wien: 5, 8, 14
Clematis Westphal, Prisdorf: 1, 15 li, 36 re
Wolfgang Willner, Mossburg: 38 li

4 Illustrationen von:
Folko Kullmann, Stuttgart: 9
Wolfgang Lang, Grafenau-Döffingen: 28 (alle 3)

Umschlaggestaltung von Atelier Reichert, Stuttgart, unter Verwendung eines Fotos von GBA (Clive Nichols), Au/Hallertau (Haupttitel) und eines Fotos von Gartenschatz, Stuttgart (Einklinker).

Bibliografische Informationen der Deutschen Bibliothek
Die Deutsche Bibliothek verzeichnet diese Publikation in der Deutschen Nationalbibliografie; detaillierte bibliografische Daten sind im Internet über http://dnb.ddb.de abrufbar.
Gedruckt auf chlorfrei gebleichtem Papier

Alle Angaben in diesem Buch sind sorgfältig geprüft und geben den neuesten Wissensstand bei der Veröffentlichung wieder. Da sich das Wissen aber laufend in rascher Folge weiterentwickelt und vergrößert, muss jeder Anwender prüfen, ob die Angaben nicht durch neuere Erkenntnisse überholt sind. Dazu muss er zum Beispiel Beipackzettel zu Dünge-, Pflanzenschutz- bzw. Pflanzenpflegemitteln lesen und genau befolgen sowie Gebrauchsanweisungen und Gesetze beachten.

1. Auflage

ISBN 3-440-09850-8
Redaktion und Bildredaktion:
Birgit Grimm, Dr. Folko Kullmann
Produktion: DOPPELPUNKT Auch & Grätzbach GbR, Leonberg
Grundlayout: Dietmar Grashoff, Offenburg
Printed in Slovakia/Imprimé en Slovaquie

KOSMOS Postfach 106011
D-70049 Stuttgart
TELEFON +49 (0)711-2191-0
FAX +49 (0)711-2191-422
WEB www.kosmos.de
E-MAIL info@kosmos.de